DATE DUE		
FEB - - 2018			

El hospital

Julie Murray

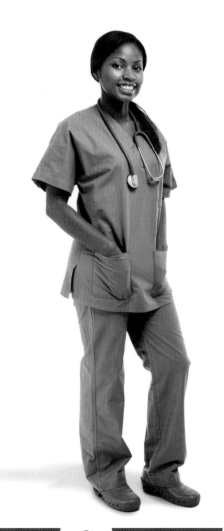

Abdo
MI COMUNIDAD: LUGARES
Kids

abdopublishing.com

Published by Abdo Kids, a division of ABDO, PO Box 398166, Minneapolis, Minnesota 55439.
Copyright © 2017 by Abdo Consulting Group, Inc. International copyrights reserved in all countries.
No part of this book may be reproduced in any form without written permission from the publisher.

Printed in the United States of America, North Mankato, Minnesota.

102016

012017

Spanish Translator: Maria Puchol

Photo Credits: iStock, Shutterstock

Production Contributors: Teddy Borth, Jennie Forsberg, Grace Hansen

Design Contributors: Candice Keimig, Dorothy Toth

Publisher's Cataloging-in-Publication Data

Names: Murray, Julie, author.

Title: El hospital / by Julie Murray.

Other titles: The hospital. Spanish

Description: Minneapolis, MN : Abdo Kids, 2017. | Series: Mi comunidad:
    lugares | Includes bibliographical references and index.

Identifiers: LCCN 2016947550 | ISBN 9781624026379 (lib. bdg.) |
    ISBN 9781624028618 (ebook)

Subjects: LCSH: Hospitals--Juvenile literature. | Buildings--Juvenile literature.
    | Spanish language materials--Juvenile literature.

Classification: DDC 362.11--dc23

LC record available at http://lccn.loc.gov/2016947550

Contenido

El hospital

Un hospital es un lugar especial.
Es donde se ayuda a las
personas muy enfermas.

5

Mónica está enferma.

El doctor la ayuda.

Sam se quebró el brazo.

Le hacen una **radiografía**.

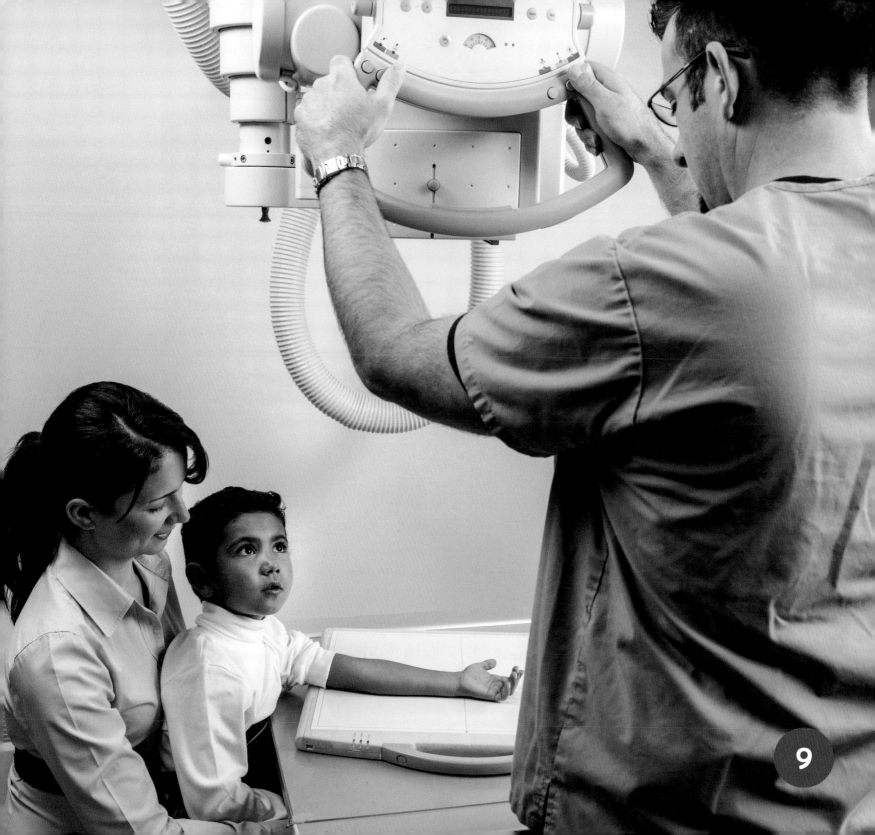

A Gabe le ponen una inyección.

Esto le hace sentirse mejor.

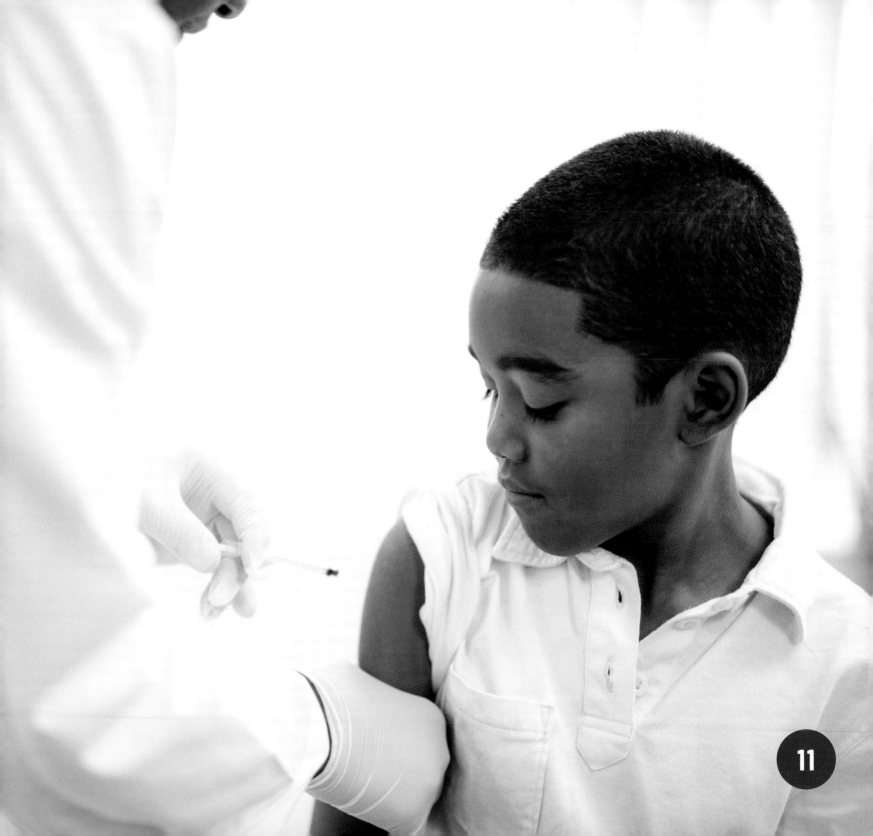

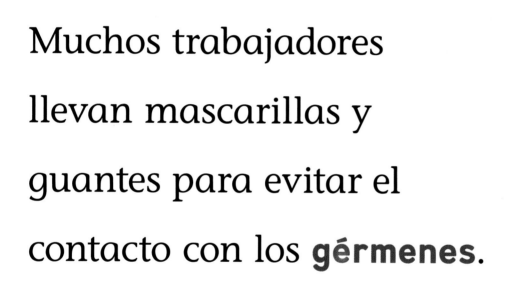

Muchos trabajadores
llevan mascarillas y
guantes para evitar el
contacto con los **gérmenes**.

¡En un hospital también nacen bebés! Jackie sostiene a su hermanita recién nacida.

15

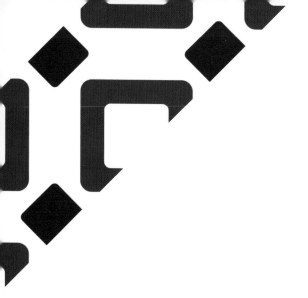

Ben tuvo una **cirugía**. Pasa la noche en el hospital. Ben duerme en una cama especial.

Lilia visita a su abuela. ¡La abuela está muy feliz de verla!

¿Has estado en un hospital?

GIRL

NAME

FAMILY   WEIGHT

DATE OF BIRTH   TIME OF BIRTH   HEIGHT

MOTHER (NAME)

En el hospital

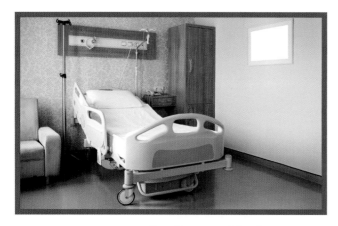

cama de hospital

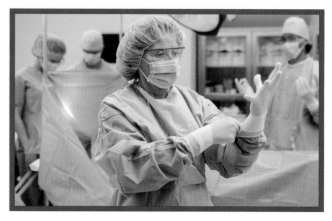

mascarillas y guantes

doctor

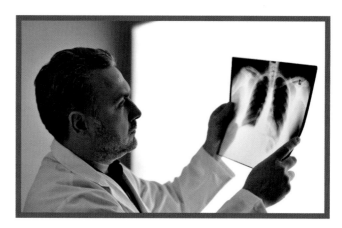

radiografía

Glosario

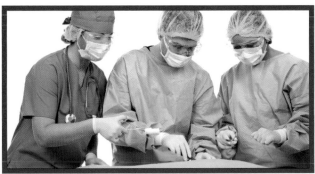

cirugía
procedimiento médico donde el doctor hace un corte en el cuerpo de una persona para arreglar o quitar la parte dañada.

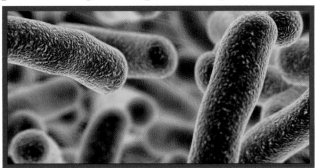

germen
organismo vivo diminuto que causa enfermedades.

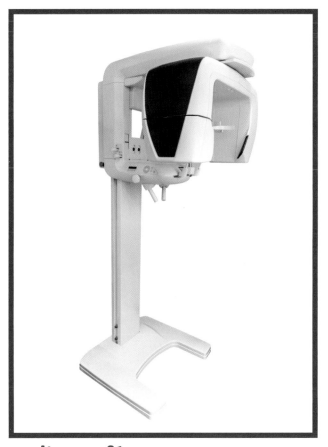

radiografía
análisis de una parte del cuerpo por medio de una fotografía de rayos X.

Índice

abdokids.com

¡Usa este código para entrar en abdokids.com y tener acceso a juegos, arte, videos y mucho más!

Código Abdo Kids:
MTK5369